知りたい！ カーボンニュートラル

脱炭素社会のためにできること

④ 学校や家庭でできること
どう捨てる？ どう行動する？

監修 藤野純一

公益財団法人地球環境戦略研究機関
サステイナビリティ統合センター
プログラムディレクター

あかね書房

もくじ

知りたい！ カーボンニュートラル
脱炭素社会のためにできること

4巻／学校や家庭でできること どう捨てる？ どう行動する？

第1章 捨てるときにできること

第2章 カーボンニュートラルに向けて行動しよう

第3章 未来のために知ろう、考えよう

この本の使いかた

『知りたい！カーボンニュートラル』は、日本が 2050 年に達成をめざしている
カーボンニュートラルをテーマに、地球温暖化のしくみや気候変動の影響、世界や日本の取り組みを
知るとともに、わたしたちにできることを見つけ、考えるためのシリーズです。

知りたい！ カーボンニュートラル ～脱炭素社会のためにできること～

1巻

ここまできている！ 地球温暖化

地球温暖化のしくみと、地球温暖化
によって起きている・これから起こるさま
ざまな影響を紹介しています。

🔑 キーワード

#地球温暖化　#温室効果ガス
#二酸化炭素（CO2）　#化石燃料
#気候変動　#海面上昇

カーボンニュートラルって？

地球温暖化をふせぐために、人間が排出した二酸
化炭素（CO2、カーボン・ダイオキサイド）などの温
室効果ガスの量と、木を植えるなどして吸収したり、
取りのぞいたりした温室効果ガスの量を同じ（ニュー
トラル）にすることだよ。くわしくは 2 巻を見てね！

2巻

これからどうする？ 日本と世界の取り組み

2015年に採択されたパリ協定の内容や、カーボン
ニュートラルのくわしい解説、世界や日本の具体的
な取り組みについて紹介しています。

🔑 キーワード

#カーボンニュートラル　#パリ協定
#再生可能エネルギー　#電気自動車
#緩和と適応

3巻

家庭や学校でできること どう買う？ どう使う？

温室効果ガスを減らすために知っておきたい「カーボン
フットプリント」という考えかたや、わたしたちが買うとき、
使うときにできる具体的な取り組みを紹介しています。

🔑 キーワード

#カーボンフットプリント　#省エネ　#節電
#消費　#環境ラベル　#シェアリング

4巻

家庭や学校でできること どう捨てる？ どう行動する？

温室効果ガスを減らすために、わたしたちが捨てるときにでき
る具体的な取り組みや、家庭や学校で実践するときのポイン
ト、社会を変えるためになにができるかを紹介しています。

🔑 キーワード

#ごみ　#リサイクル　#プラスチック
#ESG　#SDGs　#ボランティア

4 巻では、1巻や2巻で学んだことをもとに、
わたしたちにできることを紹介しているよ。
「どうしてこの行動が必要なのか」を
理解していたほうが、
取り組みもつづけやすいはず。
ぜひ1巻から読んでみてね！

4巻の使いかた

第1章「捨てるときにできること」

カーボンフットプリントの考えかたをもとに、捨てるときにどんなことができるか、具体的な取り組みを紹介しています。

第2章「カーボンニュートラルに向けて行動しよう」

3巻と4巻で取り上げた買うとき、使うとき、捨てるときにできることをふまえて、学校や家庭でカーボンニュートラルに向けた取り組みを実践する方法を紹介しています。

第3章「未来のために知ろう、考えよう」

全巻の内容をふまえ、地球温暖化や環境問題に関心をもちつづける大切さや、企業や自治体などによる取り組みの例、大人になったときにしたいこと・できることなどを紹介しています。

温室効果ガスを
減らすために
できること

テーマにかかわりの深い分野

この本では、わたしたちのくらしを4つの分野に分け、その見開きの内容にかかわりが深いものを冒頭でしめしています。

住 住まい　食 食事　消 その他の消費財、レジャー・サービス

温室効果ガスを減らす
具体的な行動と解説

ここに注目!

見開きの内容を理解するために必要となる知識やデータ、キーワードについて解説しています。

CFPチェック!

どんな行動をすれば、どれくらい温室効果ガスを減らすことができるかを、カーボンフットプリント*でしめしています。

［マークの基準］

★☆☆ ：1～99kg
★★☆ ：100～199kg
★★★ ：200kg～

*とくに注がないものは、国立環境研究所・地球環境戦略研究機関「脱炭素型ライフスタイルの選択肢　カーボンフットプリントと削減効果データブック」(https://lifestyle.nies.go.jp/html/databook.html)の「東京区部」の値を参照しています。

コラム

見開きであつかうテーマとつながりの深い知識や情報を紹介しています。

考えてみよう!

考え、話し合うきっかけとなる具体的な事例やデータなど

表記やデータについて

● 言葉のあとに「→P.○」や「→○巻」とある場合は、そのページや巻に言葉のくわしい解説があることをしめしています。
● カーボンフットプリントは、重さの単位である「g」や「kg」のあとに「もしCO₂に換算したら」ということをしめす「CO₂e」をつけてあらわします。
　4巻第1章では、「CO₂e」をはぶいてしめしています。
● グラフや表では、内訳をたし合わせても合計と一致しないことがあります。これは、数値を四捨五入したことによるものです。

はじめに

　いまから約２００年前の19世紀初め、フランスの科学者ジョゼフ・フーリエは、「温室効果（地球の表面で反射された太陽光の一部が大気中の物質に吸収され、地表や地表付近の大気をさらにあたためる現象、→１巻）」を発見しました。１８５９年、アイルランドの科学者ジョン・ティンダルは、水蒸気・二酸化炭素（CO_2）・メタンがおもな温室効果ガスであることをつきとめ、温室効果ガスを大気に排出すると地球の気候を変えるかもしれないと発表しました。当時の日本は江戸時代、世界ではイギリスで産業革命がはじまったころで、人間の活動が地球温暖化を引き起こす前のことでした。

　そして２０２１年、世界の科学者１３００名以上が協力して作成したIPCC（気候変動に関する政府間パネル）の第６次評価報告書によると、地球の平均気温は産業革命からすでに約１.１℃上がっていること、「人間の影響が大気、海洋および陸域を温暖化させてきたことにはうたがう余地がない」ことなどが明らかになりました。２０２１年11月にイギリスのグラスゴーで開催された「国連気候変動枠組条約 第26回締約国会議（COP26）」では、世界のリーダーたちが気温の上昇を産業革命から１.５℃（つまり、いまからあと０.４℃！）までにおさえることで合意し、２０５０年までに温室効果ガスの排出量を実質ゼロ（カーボンニュートラル）にすることを共通の目標にしました。それはIPCCによる「地球の平均気温を産業革命から２℃上昇させてしまうと、『将来世代』に深刻な影響をあたえる可能性が高いが、１.５℃の上昇におさえればその影響をもっと下げることができる」という指摘を重く受けとめたからです。

　「将来世代」とは、だれのことでしょうか？ それは、この本を手に取っているみなさんのことであり、そしてその次の、さらにその先の世代のことです。４巻では、わたしたちが温室効果ガスの排出量を減らすためにできる取り組みや、学校や家庭で取り組みを実践する方法、将来、大人になったときにできることなどを取り上げています。この本を通じて、みなさん自身が温室効果ガスの削減につながる行動を知り、実践できるようになるとともに、みなさんのまわりの人（とくに大人）たちの取り組みを冷静に分析し、未来に向けてよりよい活動ができるような「ものさし」を手に入れるきっかけになったら、望外のよろこびです。

　さぁ、いっしょに、カーボンニュートラルに向けた旅に出発しましょう！

監修／藤野純一

公益財団法人 地球環境戦略研究機関
サステイナビリティ統合センター
プログラムディレクター

第1章

捨てるときにできること

　「ごみ」ってなにか、考えたことはある？ 使えなくなったもの。壊れてしまったもの。それはまちがいではないけれど、ちょっと考えてみよう。キミが1枚のTシャツを持っていたとする。Tシャツはよごれやほつれなどはなく、まだまだ使える。このTシャツは、ごみではないよね。でも、キミが「デザインが気に入らなくなったから」という理由でごみ箱に入れたら？ ……その瞬間に、Tシャツはごみになってしまうね。ものをごみに「する」のは、ものを持っているわたしたちなんだ。

　だからこそ、わたしたちはものを大切にして、できるだけごみに「しない」工夫をつづけていくことが大切なんだ。それが、ごみの処分やリサイクルにかかる温室効果ガスの排出量を減らし、貴重な資源や環境を守る方法だよ。

どんなものを捨てているのか知ろう

わたしたちが捨てたごみが、回収されたあと、どうなっているか考えたことはある？ ごみは燃やしたり、埋めたりして処分されている。処分するときには、燃やすときに出る二酸化炭素（CO_2、→1巻）をはじめ、大量の温室効果ガス（→1巻）を排出するよ。ごみを減らすことは、温室効果ガスの排出量を減らし、環境を守ることにつながるんだ。

くらしから出るごみは、おもに食べ物や紙類、プラスチック製品なんだ。ごみを減らすためには、まず、自分たちがどんなごみを出しているか知らないといけないよね。学校や家庭で調べてみよう。

ここに注目！
くらしから出るごみってどんなもの？

食べ物や紙類、プラスチックをはじめ、くらしからはさまざまなごみがでているよ。くらしからのごみ＊が原因で排出された温室効果ガスは、世界で年間約16億トン。1年間に排出された温室効果ガス全体の約5％をしめるんだ。これから人口が増えることでごみも増え、2050年までにごみの量はいまの1.7倍に増えると予測されているよ。

＊ 家庭や店、企業の事務所、学校や市役所などの公共施設から出たごみのこと。
日本の数値はごみ総排出量のうち生活系ごみ排出量。

温室効果ガスの排出量
16億トン

CO_2
CO_2

身の回りのものがどんな理由でごみになるのか、考えてみよう。

世界のくらしから出たごみの量（2016年）
約20.1億トン

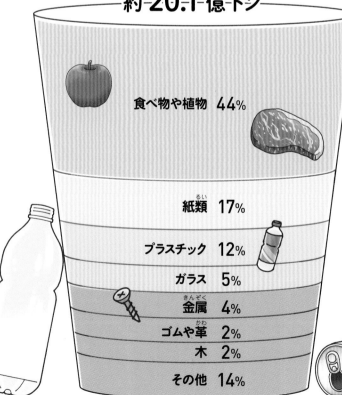

食べ物や植物　44％

紙類　17％

プラスチック　12％

ガラス　5％

金属　4％

ゴムや革　2％

木　2％

その他　14％

日本のごみは、大部分が燃やされて体積を減らしてから埋め立てられている。ごみを燃やすときには、二酸化炭素（CO_2）をはじめとした温室効果ガスや、ダイオキシンなどの有害な物質が出るよ。

日本のくらしから出た
ごみの量（2020年度）
約3002万トン

出典：The World Bank "What a Waste 2.0：A Global Snapshot of Solid Waste Management to 2050"（2018）

出典：環境省環境再生・資源循環局 廃棄物適正処理推進課「日本の廃棄物処理 令和2年度版」

住んでいる地域のごみについて調べよう

都道府県や市区町村では、地域で出たごみの量や内訳、リサイクル(→P.18)の割合などをホームページで公開していることがあるよ。自分の住んでいる地域ではどんなごみが多いのか、調べてみよう。また、地域の清掃工場や埋立地などを調べて、どこで、どんなふうにごみが処理されているのかも知っておきたいね。

環境省がホームページで毎年発表している「一般廃棄物処理実態調査」では、市区町村ごとに出たごみの量や、1人あたりのごみの量がわかるよ。調べてみよう!

捨てたものを記録しよう

燃えないゴミ	燃えるゴミ
・レジぶくろ 正一	・野菜のヘタ
・食品トレイ T	・ティッシュ 下
・ラップ　　下	

自分たちが具体的にどんなものを捨てているのか、学校や家で調べてみよう。ごみ箱の近くに紙をはるなどして、捨てたものの名前と数を書き残しておくんだ。1週間や1か月で、どんなごみが、どれくらい出たのか集計してみてね。

こうして記録してみると、ティッシュやラップ、包装のビニールなど、毎日のように捨てているものがあることがわかったよ。

ごみから出る温室効果ガスを計算しよう

ごみから出る温室効果ガスは、計算で出すことができるんだ。1週間など期間を区切り、ごみの重さをはかって計算してみよう。実際には、くらしている地域での処理のしかたなどによって異なるので、めやすとして活用してね。

燃えるごみの重さ

[　　　　　] kg × 0.34

ごみから出る温室効果ガス

= 　　　 kg

食べ物から出るごみを減らそう

食べ物などの生ごみの、約80%は水分といわれているよ。水分が多いものを燃やして処分するには、火力を強くしなければならない。その分、温室効果ガスがたくさん排出されることになるんだ。

まずは、自分が食べられる量だけ食品を買う、料理を注文する(→3巻)ことを心がけよう。そのうえで、食べられる期限に気をつけるなどして、おいしく食べ切るようにしよう。どうしても出してしまったごみは、しっかり水気を切って捨てよう。コンポストを使えばたい肥として活用できるよ。

ここに注目!

わたしたちは大量の食品を食べずに捨てている

食べられるのに捨てられてしまう食品を、食品ロスというよ。日本の食品ロスは、国連が世界でおこなっている食糧支援の量より多いんだって! しかも、そのおよそ半分は家庭から出るごみなんだ。世界には、食べ物がなくて命を落とす人もたくさんいる。一人ひとりが食べ物を大切にする気持ちをもてば、食品ロスは減らすことができるはずだよ。

日本の年間の食品ロス
522万トン

食品業者から275万トン / 家庭から247万トン

国連による年間の
食糧支援
420万トン

出典:日本の年間の食品ロス…農林水産省及び環境省「令和2年度推計」、国連による年間の食糧支援…World Food Programme 2020年実績

日本では、食料の約62%を輸入しているよ(2021年度)。つくるときにも運ぶときにも温室効果ガスが排出されるのに、それを捨ててしまうなんて……。

冷蔵庫を整理しよう

食品を冷蔵庫に入れっぱなしにして、気がついたときには消費期限や賞味期限が切れていたことはないかな? どこになにがあるか、いつまで食べられるか、ひと目でわかるように冷蔵庫を整理しよう。食べないまま捨てる食品を減らすことができるよ。

賞味期限:袋や容器を開けないまま正しく保存した場合に、いつまでおいしく食べられるかをしめしたもの。期限がすぎても、すぐに食べられなくなるわけではない。袋入りの菓子や缶詰、ペットボトル飲料など、日持ちがする食品につけられる。

消費期限:袋や容器を開けないまま正しく保存した場合に、いつまで安全に食べられるかをしめしたもの。期限をすぎたものは、食中毒などを起こす可能性があるので、食べてはいけない。弁当や生肉、ケーキなど、日持ちがしない食品につけられる。

賞味期限が短いものを手前に置く、同じ種類のものを1か所にまとめるなど、家族で相談してルールを決めよう。作り置きや開封したものは、日付をメモしておくと安心だね。

買うときはできるだけ手前から取ろう

スーパーなどの食品を売る店では、消費期限や賞味期限が近づいたり、切れたりした食品は捨てるしかないんだ。まだおいしく食べられるものもあるのに、もったいないよね。売り場では、賞味期限が近いものを前にしてならべている。もしすぐに食べるなら、手前のものを選んで買うことで、食品ロスを減らすことができるよ。

写真提供：生活協同組合コープこうべ

◀「すぐに食べるなら」ということわりをつけて、食品を手前から取る「てまえどり」をよびかけるコープこうべの食品売り場。利用者が「手前から取ろう」と声をかけ合ったことをきっかけにはじまった。いまでは「てまえどり」の取り組みは全国各地のスーパーや生協、コンビニなどに広まっている。

捨てる部分を減らそう

野菜の皮やへた、しん、種、肉のあぶらみ、魚の血合いなど、食べられる部分を捨てたり、よけいに取りのぞいたりしていないかな？捨てる部分ができるだけ少なくなるよう、よく考えて調理しよう。調理のしかたや味つけで、おいしく食べられる部分もたくさんあるよ。

野菜の皮には、栄養がたくさんあるんだって。今日は、にんじんの皮をむかないで使ってみよう。捨てていた葉は、炒めものにしてみよう。

｜ ここも食べよう！ ｜

☑ ブロッコリーやキャベツのしん
☑ ピーマンの種
☑ だいこんやかぶ、にんじんの葉
☑ 鶏肉の皮
☑ 魚の血合い

コンポストに挑戦しよう

野菜くずのような生ごみや落ち葉などを、微生物のはたらきでたい肥（土の栄養）に変えることを、コンポストというよ。生ごみが減り、栄養の豊富な肥料をつくることができるんだ。できたたい肥は、野菜や植物を育てるために使おう。小学校で実践しているところもあるよ。→ P.34

▲バッグ型のコンポスト容器。コンポストは、庭などの屋外に大きな容器を設置しておこなうのが一般的だったが、マンションに住んでいる、いそがしくて時間をかけられないといった人でも、生活に取り入れられるような製品が増えている。

写真提供：ローカルフードサイクリング株式会社/LFC コンポスト

紙のごみを減らそう

紙は、木からつくられる。つくるときには大量の水や、電気や熱などのエネルギーを使うよ。電気や熱は化石燃料（→1巻）などを燃やしてつくられるので、温室効果ガスが排出される。紙には貴重な資源やエネルギーが使われているんだね。

燃えるごみとして処分するときも温室効果ガスが排出される。リサイクル（→P.18）すれば新しい紙製品の原料になるけれど、たくさんエネルギーが必要で、リサイクルできる回数にもかぎりがある。使う量、捨てる量を減らすことが大切だね。

ここに注目!

紙は貴重な資源

日本では、古紙が紙の原料の66％をしめている（2021年度）。それでも、もとをたどれば紙はすべて木からつくられているんだ。紙をつくるときにはさまざまな機械が使われ、熱を加えて加工する工程が多いので、多くの水やエネルギーを使うよ。

紙は木からつくられる

日本で紙の原料に使われているのは、ほとんどが人の手で植えられた植林の木だよ。木を植え、手入れをし、伐採したらまた植えることをくり返すことで、森林の環境がたもてる。木は成長すると吸収できる二酸化炭素（CO_2）の量が減るので、伐採して代わりに若い木を植えるほうが、森林の CO_2 の吸収量は増えるんだ。

減っている森林

伐採する木が新しく植える木より多くなると、森林は減っていき、大気中の温室効果ガスは増えることになる。世界の森林の面積は、1991〜2020年の30年間で1億7800万ヘクタール減った*。紙や建設に使う木を植えるために、もとからあった天然の森林を伐採している地域もある。そこにくらす人や生き物は、大きな影響を受けることになるよ。

＊出典：FAO. 2020. Global Forest Resources Assessment 2020: Main report. Rome.

紙をつくるときに必要な資源やエネルギー

木や古紙
伐採された木や、資源として回収された古紙から取り出すせんいが紙の原料となる。日本は紙の原料となる木材の約7割を輸入している。

水
原料を煮たり、漂白したりするために、大量の水が使われる。紙1トンをつくるために、50トン前後の水が必要だといわれている。

電気や熱
機械を動かす、原料を煮る、乾燥させるなどのために、多くの電気や熱が必要。原料を加工するときに出る黒液という液体のほか、石炭などの化石燃料を燃やしてつくる。

FSC® マーク ◀森林を正しく管理し、環境やはたらく人の権利を守って生産された木材や、適切だと認められたリサイクル資源からつくられた商品につけられる。

紙には、こんなにたくさんの資源やエネルギーが使われていたんだ。むだづかいしたり、気軽に使い捨てにしたりはできないね。環境ラベル（→3巻）を参考にして、環境にやさしい紙製品を買うことも、わたしたちにできることだよ。

使い捨てを減らそう

ティッシュペーパーやトイレットペーパーは、使ったらすぐにごみになるね。日本のこれらの紙の消費量は、世界でもとくに多いといわれている。ティッシュのかわりにハンカチやふきんを使う、トイレットペーパーは使う長さを決めるなど、必要以上に使わないよう心がけよう。

*ティッシュペーパーは、「経済産業省生産動態統計年報　紙・印刷・プラスチック製品・ゴム製品統計編　2020年度」の数値を使い、1箱150組として旧JIS規格をもとに算出したもの。トイレットペーパーは、日本家庭紙工業会の発表にもとづく。

日本人1人あたりの年間の消費量

ティッシュペーパー

約22箱

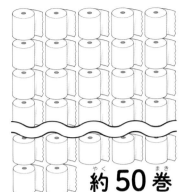

トイレットペーパー

約50巻

デジタルに変えよう

新聞や本、雑誌などは、デジタル版も発行されている場合があるよ。1度読んだだけで捨ててしまうなら、電子版に変えることで、捨てる紙の量を減らすことができるね。チケットや領収証なども、紙ではなくデジタルを選べる場合があるので、活用しよう。

CFPチェック！

★ 🍴🍴 紙の本や雑誌ではなく電子書籍を利用する ……… -20kg

デジタル版の本は持ち運びがらくで、置き場所もこまらないね。紙の本は「誕生日プレゼントにもらって何回も読んだ」など、ものとしての思い出が残るし、電気を使わずに読める。うまく使い分けたいね。

活用してから捨てよう

チラシや学校でもらったプリントなどを、そのまま捨てたり、リサイクルに出したりしていない？　うらに印刷されていなければ、メモや漢字の書き取り、習字、絵をかくなど、いろいろなことに使えるよ。また、店でもらった紙袋を何回か使う、ごみ袋や収納などに活用するのもいいね。

写真提供：新上五島町観光物産協会、NICEPASS事務局

▲紙製の袋を店頭で回収し、再利用する取り組み「NICE PASS（ナイスパス）」。マイバッグを持っていないときなどに利用することで、新しい紙袋を使う量を減らすことができる。長崎県のコーヒー豆専門店ではじまり、さまざまな店や施設が協力しておこなっている。

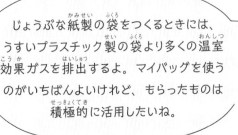

じょうぶな紙製の袋をつくるときには、うすいプラスチック製の袋より多くの温室効果ガスを排出するよ。マイバッグを使うのがいちばんよいけれど、もらったものは積極的に活用したいね。

プラスチックのごみを減らそう

住移食消

　軽くてじょうぶで、加工しやすいプラスチックは、わたしたちのべんりなくらしをささえている。でも、プラスチックの原料は石油。つくるときやリサイクル（→P.18）するとき、処分するときに、温室効果ガスを排出するよ。しかもプラスチックは人工的につくられたものなので、自然環境では分解されず、海に流れ出して海洋汚染の原因になっているんだ。

　自然に分解されるプラスチックの開発も進んでいるけれど、べんりでらくなくらしをするためにプラスチック製品を使い捨てにすることは、やめたいね。

ここに注目！
プラスチックが海を汚染している

　毎年大量のプラスチック製品が生産され、大量に捨てられている。その一部は、路上に捨てられるなど正しく処分されずに川や海に流れこんでいるんだ。プラスチックは自然に分解されないため海にたまりつづけ、海洋汚染の原因となっている。細かい破片となったマイクロプラスチックが、生き物や人間にあたえる影響も心配されているよ。

2019年に世界では約4億6000万トンのプラスチック製品がつくられ、約3億5300万トンのプラスチックごみが発生し、そのうち610万トンが川や海に流れこんだ。

＊ OECD "Global Plastics Outlook: Economic Drivers, Environmental Impacts and Policy Options" (2022)

プラスチックごみは、すでに1億900万トンが川に、3000万トンが海に流れ出したと考えられている。毎年数百万〜1千万トンが海や川に流出しているんだって。

海にただようビニール袋などを、海鳥やカメなどが、えさだと思って食べてしまうことがあるよ。消化できず、弱って死んでしまうこともあるんだ。漁業に使うあみなどがからまって、動けなくなる生き物もいるよ。

海に流れこんだプラスチックは、紫外線や風、波などで細かく砕かれ、小さな破片やつぶとなる。これをマイクロプラスチックという。衣服の繊維などから流出するものもあるよ。

▶海岸で見つかったマイクロプラスチック（神奈川県横浜市）。
写真提供：神奈川県環境科学センター

プランクトンや小さな魚がえさだと思って食べたマイクロプラスチックは、食べる・食べられる関係（→1巻）を通じてほかの生き物へと取りこまれる。人も、魚などを食べることでマイクロプラスチックを食べているんだって！ プラスチックにふくまれる有害な成分などの影響が心配されているよ。

身近なプラスチック製品について知ろう

プラスチックは、さまざまな製品に使われているよ。まずは身近にどんなプラスチック製品があるか、調べてみよう。たとえば自分の道具箱に、プラスチック製品はいくつ入っているかな？ どうしてプラスチックが使われているのか、ほかの素材に変えたり、使わずにすませたりすることはできないか、考えてみよう。

これも、あれも、プラスチックが使われているんだ！ いますぐ、すべてのプラスチックを使わないようにするのは、むずかしいってことだね。でも、ほかの素材に変えたり、使わないようにしたりできそうなものもあるね。

使い捨てを減らそう

コンビニエンスストアなどで買う弁当の容器や、カフェで出されるカップやストロー、ホテルに置かれているハブラシ、食品を保存するラップ……これらは、1度使ったら捨てるしかないプラスチック製品だね。べんりだけれど、使えば使うほど、ごみが増えることになる。くり返し使うことのできる製品を代わりにするなどして、使う量を減らすようにしよう。もちろん、ポイ捨てなんてぜったいだめだよ！

▲布に、ハチの巣からとれるみつろうを塗りこんでつくったみつろうラップ。ラップのように、食品の保存などに使う。洗ってくり返し使うことができ、最後には土に還る。　　　　　　　　　　　写真提供：株式会社山田養蜂場

環境にやさしいプラスチックを選ぼう

植物などの生物由来の資源（バイオマス）からつくられたバイオマスプラスチックや、微生物によって自然に分解される生分解性プラスチックなど、環境にやさしいプラスチックが開発されているよ。ただし、バイオマスプラスチックは自然に分解されないものもある。生分解性プラスチックは、分解に長い時間がかかったり、水中では分解されにくかったりするものもあるよ。

いくら環境にやさしくても、よけいに使うのはよくないってことだね。「使い捨ては環境にも人にもよくない」というように、考えかたやくらしかたそのものを、変えていけるといいね。

だれかにゆずろう

身長がのびて着られなくなった服、小さいころ好きだった絵本やおもちゃ、買いすぎてあまっている缶づめ……まだまだ使えるけれど、自分ではもう使わない、使えなくなってしまったもの。べつのだれかにとっては、ほしいもの、必要なものかもしれないね。捨てずにゆずったり、寄付したりすれば、ものを長く使うこと、使い切ることにつながるよ。新しくものをつくるためにかかるカーボンフットプリントや資源も、減らすことができるんだ。

＊自分の持ちものでも、ゆずったり、売ったり、寄付したりする前に、保護者に相談しよう。

ここに注目！

ゆずることで、ものの寿命はのびる

3巻で学んだように、ものを長く使うことは、将来の温室効果ガスを減らすことにつながるよ。自分が使えなくなったからといって、すぐに捨てるのはやめよう。だれかにゆずることができれば、ものが使われる期間をのばすことができるよ。

買う

服をつくったり、運んだりするために温室効果ガスが排出されている。

使う

捨てる

新しいものを買うことになる。

ゆずる

1つのものが長く使われる。

ゆずることで、ものを大切に使うことのすばらしさも、相手に伝えることができるね。ただし、好みや考えは人それぞれ。相手の気持ちを尊重して、無理に押しつけることはやめよう。

家族や知り合いにゆずる

着られなくなった服を弟や妹におさがりとしてゆずる、贈りものとしてたくさんもらった菓子を近所の人におすそわけするなど、まずは身近な人にゆずれないか考えよう。

次の持ち主に気持ちよく、長く使ってもらえるよう、日ごろからものを大切にして、よい状態でゆずれるようにしたいね。

本やCD、服、家具などは、それぞれ専門に買い取る店もあるよ。キミのくらす地域にはどんな店があるかな？

寄付した古着がごみの山に!?

アフリカには、日本やヨーロッパなどから年間約20億着ともいわれる大量の古着が寄付として届けられています。しかし、そのうち状態が悪い、気候や文化に合わないなどの理由で、ごみとして現地で処分されている服もたくさんあります。寄付したものが大量の燃料を使って運ばれ、使われないままごみとして処分されたら、温室効果ガスを減らすどころか、増やすことにつながってしまいますね。

考えてみよう!

たくさんの服がつくられ、捨てられる状況を変えるために、わたしたちにはどんなことができるだろう。考えてみよう。

ほしい人に売ろう

一度だれかの手にわたったものを買い取って、ほしい人に販売する、リユースショップを利用しよう。品物や状態に応じて買い取ってくれるよ。いらなくなった服やおもちゃなどを、個人どうしで売り買いできるフリーマーケットに出店してもいいね。

インターネット上でものの売り買いができる、フリーマーケットのサイトやアプリもあるよ。気軽に出品でき、ほしい人を全国からつのることができる。トラブルにあわないよう注意して利用しよう。

＊子どもだけでは買い取ってもらえないこともあるので、店には保護者といっしょに行こう。

寄付しよう

商品として売るのではなく、NPO法人などの団体に寄付するという選択肢もある。寄付されたものは、発展途上国や支援を必要とする家庭に届けられるなどして、こまっている人の支援に役立てることができるよ。寄付するときは、寄付する先が信頼できる団体かどうかや、受け付けている品物の種類や状態などを確認しよう。

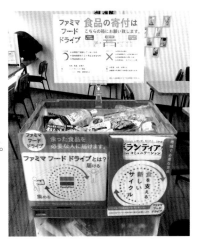

▶家庭などで食べきれない食品を集めて寄付するフードドライブ。写真はコンビニエンスストアのファミリーマートで実施されているもので、食品は自治体やNPO法人などを通じて、地域で支援を必要としている人に届けられる。

衣料品店のなかには、服の回収ボックスを置いているところもあるよ。回収された服は寄付されたり、リサイクルされて新しい服の素材になったりするんだって!

フリーマーケットでは、自分で価格を決めて、ほしい人に直接ゆずることができるんだ。インターネットや地域の広報誌などで、開催時期を調べてみよう。

リサイクルを進めよう

ごみをそのまま処分するのではなく、資源として回収し、新しい製品などに生まれ変わらせることをリサイクルというよ。新しいものをつくるために必要な資源や、ごみになるものを減らすことができるんだ。

ただし、リサイクルにはエネルギーや資源、費用などがかかり、温室効果ガスも排出される。リサイクルするほうが環境によくない場合もあり、すべてのものをリサイクルできるわけではないよ。だから、ごみとなるものをできるだけ減らしたうえで、リサイクルの割合を増やす必要があるんだ。

そのためには、ごみをしっかり分別すること、ごみがどんなふうにリサイクルされているか関心をもつことが大切だよ。

ここに注目！
分別が資源の未来を決める

ごみをリサイクルできるかは、わたしたちがしっかり分別するかどうかで決まるよ。捨てるごみを分別できるのは、自分だけ！ すこし手間や時間がかかるからといって、なんでも燃えるごみや燃えないごみに捨てていたら、貴重な資源がどんどんごみとして処分されてしまう。ものを買ったら、捨てるときまで責任をもとう。

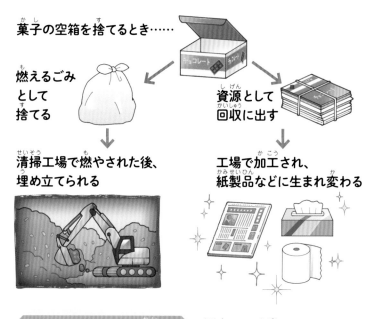

菓子の空箱を捨てるとき……

燃えるごみとして捨てる

清掃工場で燃やされた後、埋め立てられる

資源として回収に出す

工場で加工され、紙製品などに生まれ変わる

日本のごみのリサイクル率（2020年度）

出典：環境省「一般廃棄物の排出及び処理状況等（令和2年度）」

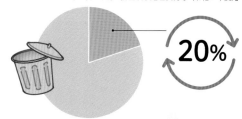

20%

日本のリサイクル率は、おもな先進国のなかでとくに低い。その違いは、生ごみの処分の方法にあるといわれているよ。日本では生ごみのほとんどを燃やして埋め立てているけれど、外国ではコンポスト（→P.11）などを活用して、たい肥などの資源にしているんだ。日本でも容器や包装のリサイクルだけでなく、生ごみの活用を進めようという動きがあるよ。

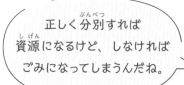

正しく分別すれば資源になるけど、しなければごみになってしまうんだね。

リサイクルの例

回収された資源は、さまざまなものに生まれ変わるよ。その例をいくつか見てみよう。

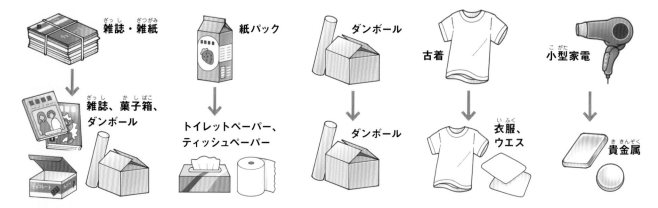

雑誌・雑紙 → 雑誌、菓子箱、ダンボール

紙パック → トイレットペーパー、ティッシュペーパー

ダンボール → ダンボール

古着 → 衣服、ウエス

小型家電 → 貴金属

しっかり分別しよう

ごみの分別のしかたは、住んでいる地域によって異なる。リサイクルするほうがよけいにエネルギーを使うなどの理由で、リサイクルできないものもあるよ。自治体のホームページや、製品についている識別マークを参考に、決まりを守って分別しよう。

アルミ缶マーク

まちがって分別してしまうと、リサイクルができなくなったり、よけいな手間がかかったりする。容器や包装には、どんな素材でつくられているかをしめす識別マークがついているものがあるよ。確認して、正しく分別しよう。

CFPチェック！

★★★ アルミ缶を50こリサイクルする ……………… -8.6kg
★★★ ペットボトルを33こリサイクルする ………… -3.6kg
★★★ スチール缶を30こリサイクルする ………… -1.4kg
★★★ 新聞紙を1kgリサイクルする ……………… -0.6kg

＊環境省「3R行動見える化ツール」より

プラスチックの容器は、よごれたまま資源ごみに出すと、まわりのプラスチックまでよごれてリサイクルできなくなるんだって。よごれを軽く落としてから出すようにしてね！

プラスチックのリサイクル

日本では、ごみとなったプラスチック製品の86％が資源としてリサイクルされている。ただし、同じプラスチック製品に生まれ変わらせるマテリアルリサイクルの割合は2割ほど。約6割を、ごみとして燃やしたときに発生するエネルギーを発電などに利用する、サーマルリサイクルがしめているんだ。プラスチックの原料は石油だから、よく燃えて、大きなエネルギーを得られるんだって。でも、燃やしたあとはもう資源として利用できない。温室効果ガスや有害物質も出るよ。多くの国ではリサイクルとして認められていない方法なんだ。

● 廃プラスチックの利用方法の割合（2020年）

マテリアルリサイクル 21%
ケミカルリサイクル 3%
サーマルリサイクル 62%
廃棄 14%

出典：（一社）プラスチック循環利用協会「プラスチックリサイクルの基礎知識 2022」

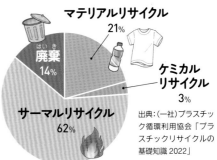

アルミ缶 → アルミ缶、自動車の部品

スチール缶 → スチール缶、建設材料

ペットボトル → ペットボトル、食品トレイ、衣服

プラスチック容器 → プラスチック製品、燃料、衣服

びん → びん

もっと知りたい！このコトバ
〜「捨てる」にかかわる用語〜

【3R（スリーアール）】

ごみを減らすための取り組み、Reduce（リデュース）、
Reuse（リユース）、Recycle（リサイクル）のこと。
リデュース：ひとつのものを長く使うなどして、ごみそのものを減らす。
リユース：ものをそのままの形でくり返し使うこと。
リサイクル：ごみになったものを捨てず、資源として再利用すること。→P.18
上から順番に取り組むことで、ごみを減らすことができる。ごみになるものを買わないRefuse（リフューズ）や、修理して再び使う Repair（リペア）を加えて、4R や 5R とよぶこともあるよ。

【再生紙】

古紙を原料のすべて、または一部に使ってつくった紙のこと。紙は大切な資源だから、できるだけリサイクルしたいよね。ただ、古紙のインクやよごれを落とす作業には大量の薬品や燃料が必要で、紙を白くするほど温室効果ガスの排出量は増える。古紙をたくさん使って真っ白な紙をつくるのは、環境によくないんだ。なので、原料に使う古紙の割合をおさえる、新聞紙など白くなくてもよいものにたくさんの古紙を使うなどの工夫がされているけれど、「真っ白な紙がよい」というわたしたちの考えを、変える必要があるかもしれないね。

【水平リサイクル】

使ったものをいったん資源にもどし、ふたたびもとと同じ製品をつくること。アルミ缶や段ボールなどはほとんどが水平リサイクルされているけれど、ペットボトルは全体の約30%（PETボトルリサイクル推進協議会、2021年度）。ペットボトルの多くは服の繊維やトレーにリサイクルされ、その後、ごみとして処分されたり、リサイクルされても数回でごみになったりしていた。ペットボトルの水平リサイクルが進めば、新しく使う原料の石油や、つくるときの温室効果ガスの排出量を減らすことができると期待されているよ。

回収されるペットボトルがよごれていることが、水平リサイクルが進まない理由のひとつなんだって。わたしたちが、責任をもって捨てないといけないね。

【修理する権利】

家電製品や、スマートフォンなどの電子機器は、どんどん新しい製品が出てくるね。つくった企業しか修理できない場合が多く、高い修理費をはらうより、買いかえることを選ぶ人も多いよ。でも、それでは、どんどんごみが増えてしまう。アメリカ合衆国やヨーロッパなどでは、購入した人が自分で製品を修理できる「修理する権利」が注目されているんだって。

第2章

カーボンニュートラルに向けて行動しよう

カーボンニュートラルの実現（じつげん）に向けて、わたしたちが
「買う」、「使う」、「捨（す）てる」ときに、さまざまな取り組みができることがわかったね。
でも、できることがわかっただけでは、温室効果（おんしつこうか）ガスの
排出量（はいしゅつりょう）を減（へ）らすことはできない。行動に移（うつ）すことが必要（ひつよう）なんだ。
せっかく行動に移（うつ）しても、1度きりでやめてしまったり、
つらい思いをして続（つづ）けたりするのは、いやだよね。
2章では、学校や家庭で実際（じっさい）に取り組みをはじめ、続（つづ）けるための
ポイントを紹介（しょうかい）するよ。「自分もなにかしたい。」って思っているキミ。
その気持ちを大切にして、一歩をふみ出そう！

学校で！家庭で！カーボンニュートラルに向けて取り組もう

カーボンニュートラル（→2巻）を達成するためには、政府や企業だけでなく、わたしたち一人ひとりが温室効果ガスを減らすために取り組む必要があるよ。

いままで学んできた「買う」、「使う」、「捨てる」ときにできることをふり返って、学校や家庭でできることを考え、実行に移してみよう。そのためには、まわりの人の理解や協力がかかせない。友だちや学校の先生、家族や地域の人などと協力しながら、取り組みを進めていこう。

人と話してみよう

「やってみたい」と思っても、自分ひとりでできることはかぎられているよね。なにからはじめればいいか、わからないかもしれない。まずは学校や家庭で、まわりの人に地球温暖化のことや、自分が挑戦したい取り組みなどについて話してみよう。

わたしは、たくさんのものをつくって、捨てていることが、温室効果ガスを排出する原因になっていることを知って、自分のくらしかたを見直したいなって思ったよ。本で調べてみたら、学校給食から1年間で出るごみのうち、約40％が食べ残しによるものなんだって！

ぼくは電気だけじゃなく、食べ物やプラスチックなど、身のまわりのものと地球温暖化がかかわっていると知ってびっくりしたよ。家でなにかできないか、家族と相談しようと思っているんだ。

本には、コンポストで生ごみをたい肥に変えることができるって書いてあったよね。ぼくたちの小学校でもできないかな？

学校でも家でも、自分たちにできることから、はじめたいよね。コンポストのことは、先生に相談してみようよ。

取り組みをはじめる前に

　取り組みの大まかな内容が決まったら、まずは身近な大人に相談しよう。もしまわりの理解が得られなくても、がっかりしないで。自分ひとりではじめることだってできるよ。取り組むときには、くらし全体や、長い期間で考えて行動するようにしてね。

勝手にはじめちゃダメ！まずは大人に相談しよう

　取り組みのなかには、費用がかかったり、場所が必要になったり、時間や手間がかかったりするものもあるよ。自分で勝手にはじめるのではなく、最初に先生や親などに相談してみよう。そのとき、どうしてその取り組みをしたいのか、地球温暖化について学んだことや、自分の考えをもとに説明できるといいね。

> 学校にはいろいろな決まりがあるので、取り組みがどんなによいものでも、すぐに実行に移せるわけではありません。でも、先生もいっしょにできることを考えるので、まずは相談してくださいね！

協力してくれる人がいない！どうすればいい？

　まわりの人に取り組みを提案する勇気が出ない。呼びかけてみたけれど、協力してもらえそうにない。そんなときは、ひとりでできることからはじめよう。「電気をこまめに消す」、「ものを大切にする」などは、自分の心がけひとつでできる。こつこつ続けていれば、まわりの人も「自分もやってみよう。」と思うかもしれないよ。

心にきざもう！目的は「地球温暖化をふせぐ」こと

　「冷房の設定温度を上げる」という取り組みをはじめたとする。どんなに暑くなっても、冷房の設定温度は変えちゃいけないのかな？……もちろん、そんなことはないよ。わたしたちの目的は、「温室効果ガスの排出量を減らして、地球温暖化をふせぐ」ことだよね。「冷房の設定温度を上げる」ことではないよ。体調をくずしてしまったら、取り組みをつづけることもできない。くらし全体や、長い期間で考えて、より温室効果ガスの排出量を減らす行動がとれるといいね。

> 「暑い日は冷房の設定温度は下げて、テレビを見る時間を1時間減らす」というように、状況や体調に応じて変えればいいんだね。

> 無理はぜったいにダメだよ！

次ページへ！

どんなことができるか、3巻と4巻の内容をふり返ろう！

おさらいしよう！ わたしたちにできること

3巻と4巻で紹介した「買う」、「使う」、「捨てる」ときにできることをまとめたよ。
具体的な取り組みを考えるときの参考にしよう。

1年間で減らせる
カーボンフットプリント
（＊がついているものは
基準が異なります）

買うときにできること

✓ 本当に必要なものか考えてから買う

　・菓子やジュースを減らす ………………………………………………………… -140kg

　・バランスのとれた食事をする …………………………………………………… -120kg

✓ カーボンフットプリントが小さい商品を選ぶ

✓ 環境ラベル（→3巻）がついている商品を選ぶ

✓ 環境にやさしい素材が使われている商品を選ぶ

✓ 環境問題に取り組む企業の商品を選ぶ

✓ 肉を食べる回数を減らす

　・ヴィーガンになる ………………………………………………………………… -340kg

　・ベジタリアンになる ……………………………………………………………… -220kg

　・肉のかわりに大豆ミートなどの代替肉を食べる ……………………………… -190kg

　・肉は鶏肉のみ食べる ……………………………………………………………… -70kg

　・肉のかわりに魚を食べる ………………………………………………………… -70kg

✓ 旬の野菜や果物を食べる …………………………………………………………… -40kg

✓ 地元でとれた野菜や果物を食べる ………………………………………………… -10kg

✓ 包装が少ない商品を選んでごみを減らす

✓ 容器がくり返し使えるものを選んでごみを減らす

✓ 修理しやすいものを選んで、壊れても修理して使いつづける

✓ 自分の容器を持ち歩いたり持ちこんだりして、使い捨ての容器をもらわない

✓ 電球を LED にかえる

　・自宅の電球をすべて LED にかえる ……………………………………………… -90kg

使うときにできること

✓ ものを大切にして長く使う

　・1年間に新しく買う量をいまの約4分の1にする

こんなにたくさんできることが
あるんだ！あれも、これも、全部
やりたくなってしまうけれど、まずは
自分がやりやすいと思うものから
はじめてみよう。

取り組みのなかには、
削減できるカーボンフットプリントが
書かれていないものもあるよね。それは効果が
小さいからではなく、計算するのがむずかしい
などの理由なんだ。これらもすべて、
大切な取り組みだよ。

衣服 ………………………………………………………………………… -260kg

娯楽用品（スポーツ用品など）………………………………………… -120kg

小型家電 ………………………………………………………………… -50kg

バッグ・アクセサリーなど ……………………………………………… -40kg

✓ 正しく保管・お手入れして長く使う

✓ 修理・補修して使いつづける

✓ リメイクして使いつづける

✓ 洗濯をまとめてする

・衣類乾燥機はまとめて使い、回数を減らす ………………………… -20.5kg

・洗濯物はまとめて洗う ………………………………………………… -14.1kg

✓ 入浴のしかたを見直す

・間隔をあけずに続けて入る …………………………………………… -82.9kg

・こまめにシャワーをとめる …………………………………………… -30.7kg

✓ パソコンを使う時間を短くする

・使う時間を1日1時間減らす（デスクトップの場合）………………… -15.5kg

✓ 冷蔵庫の使いかたを見直す

・設定温度を「強」から「中」にする ………………………………… -30.2kg

・壁から適切な間隔で設置する ………………………………………… -22.1kg

・ものを詰めこみすぎない ……………………………………………… -21.4kg

・むだな開け閉めをしない ……………………………………………… -5.1kg

✓ 温水洗浄便座の温度設定を低くする

・使わないときはふたを閉める ………………………………………… -17.1kg

・便座暖房の設定温度を低くする ……………………………………… -12.9kg

✓ テレビの明るさを調節する

・画面が明るすぎないように設定する ………………………………… -13.3kg

✓ こたつの温度設定を下げる

・設定温度を「強」から「中」にする ………………………………… -24.0kg

・こたつを使うときには、上掛けと敷布団をいっしょに使う ……………………… -15.9kg

✔ 炊飯器と電気ポットの保温時間を短くする

　　・炊飯器の長時間保温はせず、使わないときはプラグをぬく ………………… -22.4kg

　　・電気ポットの長時間保温をしない ……………………………………………… -52.6kg

✔ エアコンの使いかたを見直す

　　・暖房時の室温は 20℃をめやすにする …………………………………………… -26.0kg

　　・暖房の使用時間を1日1時間減らす …………………………………………… -19.9kg

　　・冷房時の室温は 28℃をめやすにする …………………………………………… -14.8kg

　　・冷房の使用時間を1日1時間減らす …………………………………………… -9.2kg

　　・フィルターをこまめにそうじする（月2回ていど） ………………………… -15.6kg

✔ 窓やドアの開け閉めを少なくする

✔ 寒いときにはもう1枚重ね着するなど、着るものを工夫する

✔ 夏に緑のカーテンやすだれなどで、窓からの熱をさえぎる

✔ 料理するときの火かげんに注意する

　　・強火だった火かげんを中火にかえる …………………………………………… -5.2kg

✔ 電子レンジを活用する

　　・電子レンジで下ごしらえしてから調理する（ブロッコリーやかぼちゃの場合） ……… -13.0kg

✔ 水を大切に使う

　　・食器を洗うときの水温を低めにする …………………………………………… -19.1kg

　　・歯みがき中、水を流しっぱなしにしない ……………………………………… -2.6kg

✔ 照明を使う時間を短くする

　　・使う時間を1日1時間減らす

　　　白熱電球 ………………………………………………………………………… -9.6kg

　　　蛍光灯 …………………………………………………………………………… -2.2kg

　　　LED 電球 ……………………………………………………………………… -1.4kg

✔ 自動車よりバスや電車に乗る

　　・別の都道府県に行くときは公共交通機関を使う ……………………………… -140kg

　　・通勤・通学を公共交通機関でする ……………………………………………… -100kg

　　・長距離移動を公共交通機関でする ……………………………………………… -70kg

　　・タクシーを使わずバスを使う …………………………………………………… -50kg

✔ 飛行機の利用を減らす

- ・国内旅行の行き先を周辺の都道府県にする ………………………………………… -120kg
- ・休みを国内ですごす ……………………………………………………………………… -60kg
- ・国内旅行に飛行機ではなく電車を使う ……………………………………………… -50kg

✓ 自転車を積極的に使う
- ・週末を自転車で行ける範囲ですごす …………………………………………………… -80kg

✓ 宅配を上手に利用する ……………………………………………………………………… -13.0kg
- ・宅配便をすべて1回で受け取る …………………………………………………………… -7kg

捨てるときにできること

✓ 住んでいる地域のごみについて調べる

✓ 捨てたものを記録して、どんなものがごみになっているか知る

✓ 冷蔵庫を整理して食べないまま捨てる食品を減らす

✓ 買うときはできるだけ賞味期限の近い手前から取り、食品ロスを減らす

✓ 食材の捨てる部分を減らす

✓ コンポストに挑戦する

✓ 使い捨ての紙製品を使う量を減らす

✓ 紙からデジタルに変える
- ・紙の本や雑誌ではなく電子書籍を利用する ………………………………………… -20kg

✓ べつの方法で活用できる紙製品は、活用してから捨てる

✓ 身近なプラスチック製品について調べ、使い方について考える

✓ プラスチック製品の使い捨てを減らす

✓ 環境にやさしい素材でできたプラスチック製品を選ぶ

✓ 使えなくなったものを、家族や知り合いにゆずる

✓ 使えなくなったものを、ほしい人に売る

✓ 使えなくなったものを寄付する

✓ ごみをしっかり分別し、リサイクルに協力する
- ・アルミ缶をリサイクルする

- ・ペットボトルをリサイクルする

- ・スチール缶をリサイクルする

- ・新聞紙をリサイクルする

ステップ 1 取り組みの内容と目標を決めよう

なにに取り組むか相談する

3巻や4巻も参考にして、クラスでどんなことに取り組みたいか意見を出し合おう。いくつか選んでもいいし、1つにしぼって挑戦するのもいいね。最初は小さな取り組みからはじめてもいい。無理せず、長くつづけられるかどうか、次のポイントをチェックしよう。

取り組みによっては、班ごとにやってもよいですね。費用や場所などが準備できるかは、先生に相談してくださいね！

取り組みを決めるときのポイント

- ☑ みんなが協力してできるか
- ☑ 時間がどれくらいかかるか
- ☑ 知識や技術が必要か
- ☑ 必要な道具はなにか、用意するためにお金がかかるか
- ☑ 場所が確保できるか

目標を決める

取り組みの目標を考えよう。数字や量をはっきりさせると、取り組みの成果がわかりやすいよ。クラスの一人ひとりが、その取り組みがどうして必要なのか、自分がなにをすればいいのか、わかるような目標にしたいね。

【 目標を立てるときの例 】

× コンポストでごみを減らす
○ コンポストを活用して給食の食べ残しから出るごみを3分の1に減らす

× 電気をつけっぱなしにしない
○ 電気のつけっぱなしをゼロにして、電気を節約する

計画を立てる

どんなことを、いつからいつまでするのか、だれが、どのようにかかわるのかなど、具体的な内容を決めて、計画を立てよう。あとでしっかりふり返りができるよう、記録する内容を決めておくことも大切だよ。わからないことや、まようことがあったら、本やインターネットなどで調べたり、人に聞いたりしよう。

計画を立てるときに決めること

- ☑ 取り組む期間とスケジュール
- ☑ 具体的な方法
- ☑ だれがなにを担当するか
- ☑ なにを、どのように記録するか

「コンポストを活用して給食の食べ残しから出るごみを3分の1に減らす」を目標にして、2週間後に取り組みをはじめることが決まりました。次は道具や場所を決めたいと思います。意見がある人はいますか？

はい。ダンボールコンポストにも、さまざまなやりかたがあると思います。まずは、ほかの小学校でどのように取り組んだか、インターネットで調べてはどうでしょう。

実行しよう

実行する

計画をもとに、実行に移そう。計画で決めたことは、ぜったいに変えてはいけないというわけではないよ。一部の人にやることが集中した、思ったよりもたいへんだったなど、うまくいかないことがでてきたら、みんなで相談して変えていけばいいんだ。1週間に1回など期間を決めて、ふり返りをしながら進められるといいね。

昨日はぼくの班が
ごみを入れる当番の日
だったんだけど、ほかの人が
当番なのを忘れて遊びに
行っちゃったから、ぼく
ひとりで全部やることに
なったんだ……。

それはこまったね。
毎日、給食の時間に、その日の担当の班を
みんなで確認するのはどうだろう。
今日のクラス会で相談してみようよ。

記録する

数や回数、重さ、量などがわかるものは、数字を記録しよう。それがむずかしければ、チェックシートをつくってチェックするなど、取り組みができたか、どれくらいできたかが、わかるようにしてね。見た目で変化がわかるものは、写真をとってもいいよ。

野菜やごはんのかたちが、
1週間くらいでなくなっていくよ。
おもしろいけれど、本当は
食べられるものだと思うと、
つらい気持ちになるね。

コンポストに入れられるごみの量は、
限りがあるんだよね。500gまでと
決めたから、それ以上出た食べ残しは、
ごみになってしまう。……コンポストの
数を、2つに増やせないかな？

【 記録の例 】

○年△組　コンポストの記録

日付	班	給食から出た ごみの重さ	コンポストに入れた ごみの重さ	コンポストの 土の温度	気づいたこと・思ったこと
11/3	1	570g	500g	20℃	給食から出たごみをはかって、こんなにたくさんの食べ物がごみになっていることを知ってショックだった。
11/4	2	389g	389g	22℃	今日は食べ残しが少なかったので、すべてコンポストに入れることができた。
11/5	3	550g	500g	22℃	‥‥‥
11/6	4	611g	500g	19℃	‥‥‥
11/7	5	401g	401g	24℃	‥‥‥

取り組みをふり返る

取り組みの期間が終わったら、全体のふり返りをしよう。まずは、目標を達成できたか確認しよう。クラスのみんなで記録を確認しながら、取り組みのなかで気がついたことなどをあげていこう。「地球温暖化をふせぐために、温室効果ガスの排出量を減らす」という大きな目標からみて、取り組みにはどんな意味があったかな？

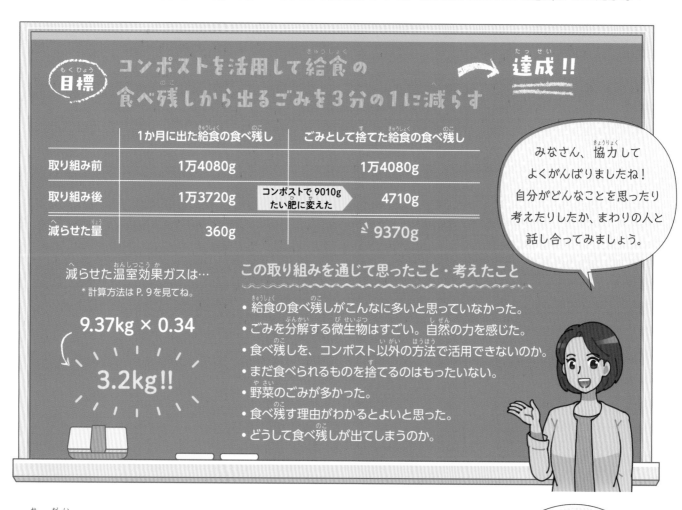

目標 コンポストを活用して給食の食べ残しから出るごみを3分の1に減らす → 達成!!

	1か月に出た給食の食べ残し	ごみとして捨てた給食の食べ残し
取り組み前	1万4080g	1万4080g
取り組み後	1万3720g　コンポストで9010gたい肥に変えた →	4710g
減らせた量	360g	9370g

減らせた温室効果ガスは…
*計算方法は P.9 を見てね。

9.37kg × 0.34

3.2kg!!

この取り組みを通じて思ったこと・考えたこと

- 給食の食べ残しがこんなに多いと思っていなかった。
- ごみを分解する微生物はすごい。自然の力を感じた。
- 食べ残しを、コンポスト以外の方法で活用できないのか。
- まだ食べられるものを捨てるのはもったいない。
- 野菜のごみが多かった。
- 食べ残す理由がわかるとよいと思った。
- どうして食べ残しが出てしまうのか。

みなさん、協力してよくがんばりましたね！自分がどんなことを思ったり考えたりしたか、まわりの人と話し合ってみましょう。

課題を明らかにする

みんなでふり返ったことをもとに、「地球温暖化をふせぐために、温室効果ガスの排出量を減らす」ためには、ここが足りなかった、もっとこんなことができる、という課題を考えよう。社会のしくみや習慣など、より大きな視点で考えてみてもいいね。

コンポストでたくさんのごみをたい肥にできたけれど、給食の食べ残しそのものを減らすことはできないのかな。野菜の食べ残しが多かったのが、気になったよ。

今回の取り組みでは、温室効果ガスの排出量を減らすことができたかもしれないけれど、ものをかんたんに捨ててしまう習慣そのものを変えていきたいよね。

ぼくは、コンポストでこんなにごみを減らせるんだってびっくりしたよ。もっと社会にコンポストが広まるといいよね。

ステップ4 次につなげよう

課題をもとになにができるか考える

　課題には、自分たちのあいだで解決に向けて取り組めるものもあれば、ほかの人の協力が必要なものや、社会全体を変えなければ解決できないものもあるね。いまの自分たちになにができるのか、将来、どんなことに取り組みたいか、考えてみよう。

つくったたい肥で、野菜づくりに挑戦するのはどうだろう。野菜を育てるたいへんさがわかれば、食べ物を大切にしようという気持ちが強くなるんじゃないかな。

市内すべての小中学校にコンポストを設置できないか、市の子ども議会（→P.39）で提案したい！まずは、食品ロスについて学ぶために、図書館の司書さんに紹介してもらった本を読んでみよう。

育てた野菜を使って、みんなで料理をしようよ！自分たちで育てた野菜なら、「きらいな野菜だけれど食べてみよう」と思って、好ききらいをなくす一歩になるかもしれない。毎日、給食をつくってくれている調理員さんへの感謝の気持ちもわいてくると思うんだ。

取り組みをまわりに広げる

　取り組んだことを、身近な人や、社会に向けて発信しよう（→P.36）。取り組みを知った人が、環境にかかわる課題に関心をもったり、自分でもはじめたいと思うきっかけになるよ。

わあ、すごいね。わたしのクラスでもできないか、先生に相談してみようかな。

この前、クラスみんなでコンポストに挑戦したんだ。ごみを減らせて、つくったたい肥で野菜づくりをしているんだよ！

家庭で取り組むときのポイント

学校だけではなく、家庭でも取り組むことができれば、より温室効果ガスの排出量を減らすことができる。学校で取り組むとき（→ P.28）と同じ流れで取り組んでみよう。家庭では、家族に地球温暖化のことを話すことからはじめるといいかもしれないね。ここでは、家庭で取り組むときのポイントを2つ紹介するよ。

（→ P.28）

ポイント1

それぞれのくらしや考えを尊重しよう

同じ家族の一員でも、仕事や家事、勉強、趣味など、それぞれでやらなくてはいけないこと、やりたいことがあるし、習慣や考えかたも異なるよね。無理に自分のやりたいことをおしつけず、一人ひとりができることを、できる範囲で取り組めるようにしよう。

もちろん、協力するよ。でも、ぼくは寒がりだから、なるべく重ね着をするけれど、寒いときには暖房の設定温度を調整させてほしいな。

地球温暖化をふせぐために、温室効果ガスの排出量を減らす取り組みを家でしたいんだ。お父さんとお母さんも協力してくれる？この5つが、ぼくがやりたいことだよ。

わたしは1週間に何回かはお肉を食べたいから、「肉のかわりに魚を食べる」はむずかしいけれど、「肉を減らして、魚や大豆製品を多めに食べるようにする」なら、できると思うよ。

ポイント2

電気などの使用量を参考にしよう

電気やガス、水の節約に取り組むときは、検針票や請求書に書かれている使用量を参考にしよう。電力会社などのウェブサイトや、アプリなどで調べることができる場合もあるよ。前年の量もしめしてあることが多いので、くらべてみよう。

電気などの使用量は、季節によって異なるよ。その年の暑さ・寒さによっても大きく変わる。あくまで参考として、活用してね。

【 記録の例 】

使用量の記録

		9月	10月	11月	12月
電気	前年	350 kWh	415 kWh		
	今年	288 kWh	372 kWh		
	差	−62 kWh	−43 kWh		
ガス	前年	35 ㎥	42 ㎥		
	今年	33 ㎥	38 ㎥		
	差	−2 ㎥	−4 ㎥		
水	前年				
	今年				
	差				

電気使用量のお知らせ
■■■■ 様
使用量■■■kwh

カーボンニュートラルに向けた 取り組みチェックシート

○年△組　□□□□□

○取り組むこと

1. 電気をこまめに消す。

2. 賞味期限切れで捨ててしまう食品をなくす。

3. 暖房の室温は20℃をめやすにする。　←　寒く感じるときや体調が悪いときは
　　　　　　　　　　　　　　　　　　　　　　　　無理しない。

肉を減らして、魚や大豆製品を多めに
　　　　　　　　食べるようにする。

4. ~~肉のかわりに魚を食べる。~~

5. お風呂の追い炊きをなるべくしない。
　　↑

○取り組みの記録

20XX年11月3日〜9日　◎：よくできた　○：できた　△：あまりできなかった

取り組み ＼ 日	1日目 11月3日	2日目 11月4日	3日目 11月5日	4日目 11月6日	5日目 11月7日	6日目 11月8日	7日目 11月9日	◎の数	○の数	△の数
1	◎	○								
2	◎	◎								
3	△	◎								
4	△	○								
5	◎	◎								
							合計			

工夫したこと

・重ね着や、くつしたなどを活用した。暖房の
　温度をいままでより低めに設定できた。

・みんなで冷蔵庫の整理をして、どこになにを
　入れるか話し合って決めた。

取り組みを通じて気がついたこと

・・・・・・・・・・・・・・・・・・・・
・・・・・・・・・・・・・・・・・・・・
・・・・・・・・・・・・・・・・・・・・
・・・・・・・・・・・・・・・・・・・・

反省点

・安くなっていたからと野菜を買いすぎて、食
　べきれないことがあった。

・「消しわすれないようにしよう」と思うだけで
　は、電気の消しわすれを減らせなかった。

よりよい取り組みのためにできること

・・・・・・・・・・・・・・・・・・・・
・・・・・・・・・・・・・・・・・・・・
・・・・・・・・・・・・・・・・・・・・

もっと知りたい！
〜さまざまな小学校の取り組み〜

【緑のカーテンで夏をすずしくすごす】

福岡県の大牟田市立明治小学校では、各学年がエネルギーや環境について学び、省エネや環境保護などの活動を実践しているよ。毎年1年生が挑戦しているのは、アサガオによる緑のカーテンづくり。地域の人びとの協力も得ながら、いっしょうけんめい世話をしてつくったカーテンのおかげで、夏でもクーラーを使わずにすごせた日もあったんだって！

▲2階までつるがのびた緑のカーテン。夏の暑い日ざしをやわらげ、室内の気温の上昇をおさえてくれる。

▶2017年、緑のカーテンを育てる明治小学校の1年生。この年の緑のカーテンは、大牟田市の「緑のカーテンコンテスト」で特選を受賞した。

【コンポストでごみを減らす】

2022年、静岡県の浜松市立三ヶ日西小学校の4年生は、社会科の授業でごみを減らすための取り組みを学び、実際にごみを減らそうと校庭でのコンポストに挑戦したよ。できあがったたい肥は、学校の花だんに使われたんだ。

▶給食の調理の途中で出た野菜の皮などを、コンポストに入れているところ。

【環境にやさしい商品をつくって売る】

和歌山県の橋本市立あやの台小学校では、毎年5年生が「エコマート」という「会社」を立ち上げ、学校で育てた無農薬野菜や、使わなくなった布や木材でつくった手芸品など、環境にやさしい商品をつくって販売する取り組みをしているよ。地域の人びとなどに売って得た利益は、環境の保護や難民の支援をする団体に寄付しているんだ。

▼エコマートの出店のようす。

第3章

未来のために知ろう、考えよう

　ものの買いかたを見直す、節電を心がける、ごみの分別をしっかりするなど、毎日のくらしのなかでできる取り組みは、温室効果ガスの排出量を減らし、地球温暖化をふせぐことにつながるよ。でも、自分の家庭や学校だけで取り組んでいても、日本全体、世界全体の温室効果ガスを大きく減らすことはできないね。

　社会を変えるために必要なのは、家庭や学校の外へふみ出すこと。地域で活動したり、社会に自分の意見や取り組みを発信したりしよう。そのためには、カーボンニュートラルや環境にかかわる問題に、関心をもちつづけることが大切だよ。たくさんの情報のなかから信頼できるものを見つけ出すちからもいるね。いま、そして大人になってから、どんなことができるのか、見ていこう。

意見や取り組みを発信しよう

カーボンニュートラルを実現し、地球温暖化をふせぐためには、社会のありかたや人びとの考えかたを根底から変えなくてはいけない。そのためには、未来を生きるわたしたちが行動し、声を上げることが必要なんだ。

それができるように、地球温暖化について知識を身につけ、つねに新しい情報をチェックするようにしよう。活動をはじめたり、意見を言ったりするために、大人になるのを待つ必要はないよ。いまから、はじめるんだ！

知識を身につけよう・情報を集めよう

1巻で解説した地球温暖化についての知識は、とても基本的な内容だよ。2巻で紹介した世界や日本の取り組みは、どんどん進んでいく。インターネットや本などを通じて、よりくわしい知識を身につけたり、新しい情報を手に入れたりしよう。

本で

地球温暖化についての本だけでなく、気象や自然がテーマの図鑑や、環境問題をあつかった本を読むと、地球温暖化の前提となる知識を得られるので、おすすめだよ。ただし発刊された年が数年以上前だと、情報が古い場合もあるので気をつけてね。

インターネットで

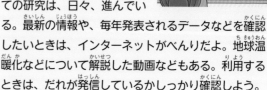

地球温暖化や気候変動についての研究は、日々、進んでいる。最新の情報や、毎年発表されるデータなどを確認したいときは、インターネットがべんりだよ。地球温暖化などについて解説した動画などもある。利用するときは、だれが発信しているかしっかり確認しよう。

ニュースで

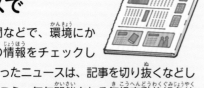

テレビや新聞などで、環境にかかわる最新の情報をチェックしよう。気になったニュースは、記事を切り抜くなどして記録しておこう。毎年開催される気候変動枠組条約締約国会議（COP、→2巻）は、気候変動について話し合う大切な会議だから、ぜひ注目してみてね。

施設やイベントで

環境をテーマとした施設や、ごみ処理場などに行ってみよう。公民館や科学館などでは、子ども向けに環境問題などを解説する講座が開かれることもあるよ。インターネット上で講義を聞くことができるオンラインのイベントもあるので、調べてみよう。

注意！ 情報が正しいかどうかチェックしよう

だれもが情報や意見を発信できるインターネットには、あやまった情報や、根拠のない意見も多く見られるよ。また、本や新聞に書かれているからといって、ぜったいに正しいわけでもない。つねに、いくつかの資料を見くらべて判断するようにしよう。

ここをチェック！

☑ だれが、いつ発表したのか、はっきりしているか。

☑ データや画像には、出典がしめされているか。

調べたことや取り組みの内容を発信しよう

地球温暖化やカーボンニュートラルに向けた取り組みについて、新しく知ったことや行動に移したこと、自分の意見を、友だちや家族、社会に向けて積極的に伝えていこう。伝えた相手が関心をもち、ほかの人に伝えたり、自分でも取り組みをはじめたりすれば、社会はすこしずつ変わっていくよ。

地球温暖化は、気温が上がるだけじゃないんだって。海面が上がるとか、雨の降りかたが変わるとか、ぼくたちや生き物のくらしに大きな影響があるみたいなんだ。

そうなんだ！地球温暖化って言葉を聞いたことはあるけれど、自分に関係があると考えたことはなかったよ。ほかにどんなことが起こるの？

・身近な人に向けて

学んだことや取り組みの成果、社会に向けた提案などを、人に話したり、新聞やポスターにまとめて発表したりしよう。意見を伝えるときには、相手の意見もしっかり聞こう。さまざまな意見や立場があると知ることで、自分の考えがより深まり、具体的な活動や提案ができるようになるよ。

わたしたちの班は、日本のすべての小中学校にコンポストの容器を設置することを提案します。その理由は……

・社会に向けて

外国では、温暖化対策をうったえるデモに小学生が参加することもあるんだって。デモに参加するのは勇気がいるかもしれないけれど、新聞やテレビ番組、インターネット上の情報発信サイトなどに意見を投稿する、子ども議会(→ P.39)に参加するなどの方法があるよ。

こどもエコクラブ　http://www.j-ecoclub.jp/

公益財団法人日本環境協会が運営する、環境活動のクラブ。3歳から高校生までだれでも参加できるよ。生きもの観察やごみ拾い、家庭での省エネルギーに関する活動など、環境を守るためにした活動や調べたことを「活動レポートページ」から報告してみよう！環境に関する専門家からアドバイスをもらえるよ。

注意！ 発信する情報の内容に注意しよう

インターネットで発信した情報は、世界中の人が見ることができるよ。多くの人に自分の調べたことや意見などを知ってもらえる一方で、犯罪にまきこまれる可能性もある。自分でも注意をして、先生や保護者にも相談したうえで発信しよう。

ここをチェック！

☑ 名前や住所などの個人情報をのせていないか。

☑ 写真に自分の顔や住んでいる地域、通っている学校などがわかるものがうつっていないか。

地域の活動に参加しよう

　自分の住む地域でも、カーボンニュートラルに向けて、また、環境を守るためにできることがあるよ。温室効果ガスの削減につながる活動のほか、日ごろから自然に親しみ、人のくらしが環境にあたえる影響について関心をもつようにしたいね。

　また、カーボンニュートラルに向けた取り組みが進むかどうかは、国や地域の政治やしくみにかかっている。大人になるまで選挙に参加することはできないけれど、いまから政治に関心をもつことはとても大切だよ。

ここに注目！
活動の探しかた

　活動に参加したいときは、自分が住んでいる地域の掲示板や広報誌、ホームページなどを調べてみよう。インターネットの情報サイトなどで検索するという方法もあるよ。

環境らしんばん　http://www.geoc.jp/rashinban/

地球環境パートナーシッププラザ（GEOC）が運営する環境の総合情報サイト。全国でおこなわれている環境に関するイベントのほか、環境を守るための活動をしている団体を、興味のある分野や地域ごとに調べることができるよ。

森林を守る

　森林は光合成によって二酸化炭素（CO_2）を吸収するはたらきがある（→1巻）。植林や森林の保護にかかわることで、大気中のCO_2を減らすことができるよ。

海外の森林を守るために、
木製品や紙製品を買うときには、
正しく管理された森林から
つくられたものを選びたいね
（→P.12）。

植林に取り組む

秋田県の湯沢市立山田小学校・中学校の生徒たちによる植林のようす。山田小・中学校には学校が所有する森林があり、森林の役割や、「木を伐ったら植える」ことで、森林を次の世代へつないでいくことを学ぶ。

写真提供：公益社団法人秋田県緑化推進委員会

温室効果ガスの排出量を減らす

ものを長く大切に使ったり、エネルギーを節約する省エネを心がけたり、ごみの分別をしてリサイクルを進めたり……3巻と4巻で学んだ温室効果ガスの排出量を減らす取り組みを、地域でも実践しよう。

フリーマーケットに参加する

NPO法人キッズフリマが主催する「キッズフリマ」。売るのも、買うのも、小学生だけでおこなう。

写真提供：NPO法人キッズフリマ

ごみの分別・リサイクルに協力する

徳島県上勝町で、ごみを分別する小学生たち。上勝町は2003年から、ごみをゼロにする「ゼロ・ウェイスト」をめざして町全体でごみの削減に取り組み、2019年にはリサイクル率80％を達成した。

写真提供：上勝町

CO₂ゼロをめざして省エネに取り組む

京都府が小学生に向けて毎年夏休みにおこなっている取り組み「めざせCO₂ゼロチャレンジ！」。写真のチャレンジシートを活用して省エネに取り組むほか、CO₂を出さない未来について考え、調べた結果をまとめたり、想像して絵をかいたりすることで、地球温暖化のことを考えるきっかけをつくっている。

写真提供：京都府・京都府地球温暖化防止活動推進センター

政治や環境問題に関心をもつ

自治体のなかには、子どもが地域の政治などに対して意見を提案できる子ども議会を設けているところがある。子ども議会がなくても、国や地域の政治家が地球温暖化などの問題についてどのような対策をかかげているか、政策をチェックしてみよう。環境問題についても、自分の身近な問題として考えられるようにしたいね。

子ども議会で提案する

熊本県菊池市の子ども議会のようす。21人の中学生が市議会の議場で、まちづくりに関するさまざまな質問や提案を発表する。2022年度にはSDGs（持続可能な開発目標）をテーマとしたイベントの開催や、ホタルを守る活動などが提案された。

写真提供：菊池市

自然に親しむ

熊本県熊本市の江津湖でおこなわれた自然観察のイベント。実際に川に入り、生き物を直接さわりながら観察できる。観察後には、生態系に悪い影響をあたえる、外来の水草を取りのぞく清掃活動もする。写真提供：熊本市水前寺江津湖公園

カーボンニュートラルに向けた社会の取り組み

地球温暖化がとても大きな問題だということは、多くの大人たちも理解しているよ。ものを大量につくって大量に消費する（買って、使って、捨てる）、大量生産・大量消費という社会のありかたや、環境問題への意識を変えようと、さまざまな団体が取り組みをはじめているんだ。

ここで紹介しているのは、ほんの一部。自分がいつも食べているもの、使っているものをつくっている企業や、住んでいる自治体などがどんな取り組みをしているか、ぜひ調べてみてね。

人びとの行動を変える

いままで、企業は大量生産・大量消費を前提に、ものをつくったり、売ったりしてきた。けれど、それでは温室効果ガスが大量に排出され、資源もつきてしまうね。いま、もののつくりかたや売りかたを変え、わたしたちの消費のしかたを変えようとしている企業が増えているんだ。ボランティア活動を通して、わたしたちの意識や行動を変えようと活動する NPO 法人などの団体もあるよ。

買う　**使う**　**捨てる**

わたしたちの、どんな行動を変えることにつながるかをしめしているよ。

買う

くり返し使える容器でごみを減らす！

容器や包装からは、たくさんのごみが出ている。Loop Japan は、容器や包装の使い捨てを減らそうと取り組んでいる企業だよ。Loop では協力する企業の商品を、再利用可能な容器に入れて販売している。使い終えた容器は回収し、きれいに洗浄した後、ふたたび商品を詰めなおして販売するんだ。同じ容器を何度も使うことで、ごみや、リサイクルにかかるエネルギーを減らすことができるよ。

▲Loopの商品を販売しているスーパーマーケット。日本のほかに、アメリカ合衆国やフランスでもサービスをおこなっているよ。

▼ガムや飲料の容器。

写真協力：Loop Japan 合同会社

使う

修理名人になろう！

イギリスのロンドンでは、自治体やボランティア団体が協力して、毎年３月に「London Repair Week」という修理に関するイベントが開かれているよ。家具や自転車、古着など、身近な製品の修理やリメイクの方法を、専門家に教えてもらえるんだ。

▲うまく動かなくなった自転車を修理の専門家に見てもらっているところ。

写真提供：ハーチ株式会社

買う

「買わないで」広告で考えるきっかけをつくる!

アメリカ合衆国では、毎年11月の第4木曜〜金曜に「ブラックフライデー」という大規模なセールがおこなわれる。多くの企業がセールの広告を出すなか、アメリカ合衆国のアウトドア用品などを手がける企業、パタゴニアは、2011年のブラックフライデーに「DON'T BUY THIS JACKET (このジャケットを買わないで)」という新聞広告を出したよ。ものを買う前に、本当に必要なのか考えようと人びとにうったえたんだ。

▶日本にあるパタゴニア東京・渋谷店でも、製品のたなの上に「必要ないモノは買わないで。」というメッセージがかかげられている。

◀パタゴニアでは、すべてリサイクルした原料からつくったTシャツも売っている。

写真提供:パタゴニア日本支社

買う

捨てられてしまう商品を減らす!

Kuradashi は、賞味期限が近いもの、包装にきずがついたもの、季節商品など、食べられる・使えるのに捨てられるはずだった商品を企業から買い取り、手ごろな価格で販売している企業だよ。食品ロスなどのごみを減らすことができるね。「楽しいお買い物で、みんなトク(得・徳)する」ことをかかげ、買い物が寄付につながる取り組みもしているんだ。

季節やイベントとのつながりが強い商品を、季節商品というよ。賞味期限に問題がなくても、季節やイベントが終わると売れなくなり、捨てられてしまうこともあるんだ。

▲農産物のなかには、人手不足で収穫できず、捨てられてしまうものも多い。Kuradashiでは、社会問題などに関心のある学生と農家をつなぎ、学生が収穫した農産物などを買い取って販売することで、食品ロスを減らす取り組みもしている。

写真提供:株式会社クラダシ

捨てる

スポーツ感覚で楽しくごみ拾い!

スポGOMI は、「ごみ拾いはスポーツだ!」を合い言葉に、チーム対抗の競技としてごみ拾いをするイベントだよ。一般社団法人ソーシャルスポーツイニシアチブが、地方自治体や企業などと協力して開催している。楽しみながらまちをきれいにすることができ、ごみについて考えるきっかけにもなるね。韓国やベトナムなど、外国でも開催されているんだって!

▶スポGOMIには、高齢者から子どもまで、年齢に関係なく参加でき、人びとの交流のきっかけにもなっている。

写真提供:日本スポGOMI連盟

野球のバットの
サブスクリプション

野球のバットやテニスのラケットなど、スポーツの道具は、使ってみないと自分に合うかわからないよね。子どもの場合は、成長にあわせて買いかえる必要もある。でも、買いかえることで古いバットはごみになるし、お金もかかってしまう。そこで、千葉県鎌ケ谷市のスポーツ専門店「超野球専門店CV」は、バットのサブスクリプション（→3巻）をはじめたんだ。一定の金額をはらえば、さまざまなバットから好きなものを借りることができるよ。

▲「バッターズボックス」で返却されたバットは、中古品として安く販売され、ふたたび新しい人の手にわたる。

写真提供：超野球専門店CV

学生服をリユース！

さくらやは、着られなくなった学生服を買い取り、必要としている家庭に価格をおさえて販売するリユースの店だよ。1着の制服を長く使うことで、ごみを減らすことができるね。地域の障がい者や高齢者に洗濯や名前のししゅう取りの仕事をお願いするなど、地域の人びととつながりながら店を運営しているんだって。

▲さくらやは、市の社会福祉協議会や学校と協同で、学生帽やランドセルなどの学校用品のバザーも開いている。

写真提供：さくらや

従業員の家族もいっしょに
エネルギー資源の節約にチャレンジ！

▲「家庭でエコプログラム」に参加した従業員と家族。プール遊びで使った水を植木にあげて、水の節約をしているようす。

写真提供：株式会社ファンケル

化粧品や健康食品などの製造・販売をする株式会社ファンケルでは、会社の活動だけでなく、従業員の家庭から排出される温室効果ガスも減らそうと、2008年から「家庭でエコプログラム」という活動をつづけているよ。電気・ガス・水道料金の合計を、全国平均から5％以上削減できた家庭にギフト券を贈るんだ。2022年までにのべ6500人以上が参加しているよ。節電や節水などをはじめるきっかけになるね。

ヴィーガン料理が学食で食べられる！

NPO法人ベジプロジェクトジャパンは多くの人に環境や動物を守るために肉食を見直し、ベジタリアンやヴィーガン（→3巻）料理を食べる選択肢をもってもらおうと活動しているよ。ベジプロ大学はその活動のひとつ。大学生などが、学生食堂にベジタリアンやヴィーガンのメニューを設置する手助けをしているんだ。

ベジプロジェクトによる
ヴィーガン認証マーク

▲東京大学の学生食堂で出されているヴィーガンメニュー。ヴィーガンとわかるよう、ヴィーガンマークがついているよ。

写真提供：NPO法人ベジプロジェクトジャパン

目標を立てる・宣言する

カーボンニュートラルをめざす、再生可能エネルギー（→2巻）の利用を進めるなどの目標や実現を、社会に向けて宣言する企業や自治体が増えているよ。目標があると、やるべきことがはっきりして、取り組みも進めやすい。はたらいている人や、そこでくらしている人の意識も変わる。ほかの団体が取り組みをはじめるきっかけにもなるね。

カーボンニュートラルをめざすまちづくり
ゼロカーボンシティ

ゼロカーボンシティは、排出する温室効果ガスを2050年までに実質ゼロにすると宣言した自治体のことだよ。学校や図書館などの公共施設で使う電気を再生エネルギーに変えたり、緑地を広げて二酸化炭素（CO_2）の吸収量を増やすなどして、カーボンニュートラルをめざすんだ。2023年1月の時点で、831の自治体が取り組んでいるよ。

使う電気を再生可能エネルギーに変える！ RE100

RE100は、使う電気のすべてを再生可能エネルギーに変えると宣言した企業の国際的な集まりだよ。RE100に参加できるのは、大量に電気を消費している大企業なんだ。なので日本では、中小企業や自治体、学校、病院などが同様の目標をめざす、再エネ100宣言 RE Action という集まりも組織されているよ。

日本の企業
77社

RE100
合計397社

使う電気を100%再生可能
エネルギーにできた団体
45団体

再エネ
100宣言
合計286団体

自分のくらす地域では、カーボンニュートラルや地球温暖化に対してどのような取り組みをしているかな？調べてみよう！

出典：日本気候リーダーズ・パートナーシップ『RE100 参加日本企業（2023年1月現在）』、再エネ100宣言 RE Action 協議会『再エネ100宣言 RE Action 年次報告書2022』より

社会のありかたを変える

地球温暖化をふせぐ、環境を守るなどを目的に、活動する団体もあるよ。そのためには人びとの意識や行動、国の制度など、社会のありかたそのものを変える必要がある。だから、企業や政府、国際機関など、社会に大きな影響をあたえる相手に直接よびかけ、課題を指摘したり、解決する方法を提案したりすることもあるよ。

市民の力で温暖化を止める！

NPO法人気候ネットワークは、地球温暖化をふせぐため、市民の立場で提案・発信・行動する団体だよ。CAN（気候行動ネットワーク）という国際的な環境団体と協力して各国の政府に温暖化対策をよびかける、子どもが地球温暖化について理解を深めることができるような教育活動をおこなうなど、さまざまな取り組みを通じて、社会にはたらきかけているんだ。

▲CANの一員として、2013年にワルシャワ（ポーランド）で開かれたCOP19で記者発表にのぞむ気候ネットワークのメンバー。

写真提供：NPO法人気候ネットワーク

大人になったらできること

大人になったら、再生可能エネルギーを生活に取り入れる、選挙で投票するなど、地球温暖化をふせぐ効果が大きいことをできるようになるよ。もちろん、いままで紹介してきた取り組みも、つづけるようにしてね。

できることが増えるぶん、責任も子どものときより大きくなる。自分が大人になったとき、子どもたちに「大人たちはなにもしていない！」と言われないように、地球や未来の世代に責任をもって、行動しようね。

ここに注目！

関心をもちつづけることが地球を守る

大人になると、仕事や家族、趣味などが生活の中心となる。地球温暖化をはじめとする社会の大きな課題について、自分から知ろう、学ぼうとしなければ、新しい知識や情報を得られなくなり、考える機会も減ってしまうよ。

大人になったキミたちが地球温暖化に関心をもたなくなり、声をあげるのをやめたら、温暖化をふせぐ取り組みは止まってしまう。これから立場や生活が変化しても、地球温暖化に関心をもちつづけてほしいんだ。

本や新聞、テレビ、インターネットなど、どんなかたちでもよいから、環境にかかわるニュースはチェックしていきたいね！

環境にやさしいものにお金を使う

環境にやさしいものを買いたいと思っても、おこづかいでは買えない場合もあるよね。大人になって自分の自由に使えるお金が増えたら、できるだけ、環境にやさしいものを選んで買うようにしよう。自宅の屋根に太陽光パネルを取りつける、電気自動車を買うなどすれば、温室効果ガスを大きく減らすことができるよ。また、ESGの考えかたをもとに、人や環境にやさしい取り組みをしている企業に投資する、団体に寄付をするなどの方法もあるね。

ESG

環境（Environment）、社会（Social）、ガバナンス（企業の管理体制、Governance）のこと。これらの問題にどのように取り組んでいるかをもとに、企業を経営したり、評価したりすることが、新しい経営や投資のありかたとして注目されている。

政治に参加する

地球温暖化や環境問題に熱心な人が国や地方の議員に選ばれれば、温暖化をふせぐ取り組みを進めたり、制度を新しくつくったり、政治を通して社会を大きく変えることができる。自分が政治家になるのもよいけれど、選挙で投票することも、政治を変えることにつながるよ。地球温暖化や環境問題について、具体的な公約をかかげているかどうかを、投票するときの基準のひとつにしたいね。

選挙に参加できるのは18歳からだよ。それまでに、自分の住む地域の環境問題や国の政策について、より深く知っておきたいね！

知識や技術で社会を変える

いままで科学や技術は、人間の「もっとべんりに」という願いをたくさんかなえてきたよ。これからは、未来によりよい地球を受けついでいくために使われるようになるといいね。

科学者や技術者になれば、人びとが地球温暖化についてよりよい判断ができるようアドバイスしたり、製品の開発などを通して温室効果ガスの排出量を減らしたりできるね。自分自身に専門的な知識や技術がなくても、環境にやさしい商品をつくりたい、こんな取り組みをしたいという強い思いがあれば、協力してくれる人を集めて、新しく企業や部署を立ち上げるという方法があるよ。

次の世代を育てる

キミが大人になったときには、さらに先の未来をになう子どもたちが生まれている。地球温暖化をふせぐ取り組みを、次の世代、さらに次の世代へと受けついでいくために、できることはなんだろう。たとえば、キミが身近な子どもたちに自然の大切さや、地球温暖化にかんする正しい知識、行動することで社会が変わるということを、伝えることじゃないかな。そのためにも、いまから自然に親しみ、知識を身につけ、行動に移していこう！

言葉だけでなく、実際に行動でしめすことが大切だよ。さあ、キミはなにからはじめる？

もっと知りたい！ 調べたい！
～ 参考になるWEBサイト ～

カーボンニュートラルや地球温暖化、環境問題などについて、
より深く知りたいとき、調べたいときに参考になるWEBサイトを紹介しています。

独立行政法人環境再生保全機構
「集まれ! Green Friends」

https://www.erca.go.jp/jfge/greenfriends/index.html

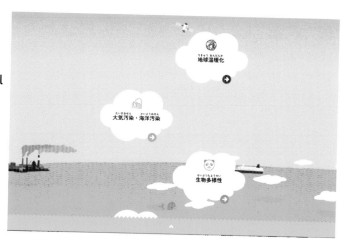

地球温暖化や、環境問題を学ぶときに知っておきたいキーワードについて、子ども向けにわかりやすく解説しています。「生物多様性」、「資源とエネルギー」など、ジャンルごとにキーワードをまとめたページもあります。関連するキーワードも表示されるので、興味のある言葉を調べてみましょう。

環境省
「ecojin」

https://www.env.go.jp/guide/info/ecojin/index.html

環境省が発行するウェブマガジン。地球温暖化をはじめとしたさまざまな環境問題についての解説や、環境をテーマとした有名人のインタビュー、食品ロスを減らすために役立つレシピ、環境にやさしい商品の紹介などが、豊富なイラストや写真とともに掲載されています。

国立研究開発法人国立環境研究所「A-PLAT KIDS こどものための環境教室」

https://adaptation-platform.nies.go.jp/
everyone/school/index.html

気候変動のほか、「緩和」と「適応」(→2巻)についてとくにくわしい解説が掲載され、日本各地の事例についても知ることができます。自由研究に使える素材や、クイズ、動画、調べものに役立つサイトの紹介などもあり、楽しみながら知識を身につけることができます。

さくいん

この本に出てくる重要なことばを五十音順にならべ、
そのことばについて説明しているページや巻をしめしています。

監修

藤野純一（ふじの じゅんいち）

公益財団法人地球環境戦略研究機関
サステイナビリティ統合センター プログラムディレクター

1972年生まれ、大阪・吹田で育ち、兵庫・西宮で学ぶ。東京大学入学後、修士・博士に進み、2100年の世界を対象としたエネルギーシステム分析で工学博士を取得。国立環境研究所では、主に日本の中長期温暖化対策ロードマップ策定に貢献。地球環境戦略研究機関（IGES）では、特に地域視点のサステイナビリティ実現に向けて国内外の現場を行き来している。

参考文献

IPCC第6次評価報告書／「1.5℃ライフスタイル ― 脱炭素型の暮らしを実現する選択肢 ― 日本語要約版」（地球環境戦略研究機関）／「家庭の省エネハンドブック2022」（東京都）／『再生可能エネルギーをもっと知ろう』（岩崎書店）／「脱炭素型ライフスタイルの選択肢　カーボンフットプリントと削減効果データブック」（国立環境研究所・地球環境戦略研究機関、https://lifestyle.nies.go.jp/html/databook.html）／『はかって、へらそう CO₂ 1.5℃大作戦』（さ・え・ら書房）／『やさしく解説　地球温暖化』（岩崎書店）　ほか

指導	由井薗健（筑波大学附属小学校）
装丁・本文デザイン・DTP	Zapp!
イラスト	佐藤真理子、セキサトコ
校正	有限会社一梓堂
編集・制作	株式会社童夢
写真・画像提供	NPO法人気候ネットワーク、NPO法人キッズフリマ、NPO法人ベジプロジェクトジャパン、FSCジャパン、大牟田市立明治小学校、神奈川県環境科学センター、株式会社クラダシ、株式会社ファミリーマート、株式会社ファンケル、株式会社山田養蜂場、上勝町、菊池市、京都府、京都府地球温暖化防止活動推進センター、熊本市水前寺江津湖公園、公益財団法人日本環境協会こどもエコクラブ全国事務局、公益社団法人秋田県緑化推進委員会、公益社団法人食品容器環境美化協会、さくらや、新上五島町観光物産協会、生活協同組合コープこうべ、地球環境パートナーシッププラザ（GEOC）、超野球専門店CV、NICEPASS事務局、日本スポGOMI連盟、ハーチ株式会社、橋本市立あやの台小学校、浜松市立三ヶ日西小学校、Loop Japan合同会社、ローカルフードサイクリング株式会社
表紙写真提供	株式会社サンエー［リサイクルボックス］、公益社団法人秋田県緑化推進委員会［植林のようす］、パーシー／PIXTA［海岸のごみ］

知りたい！ カーボンニュートラル　脱炭素社会のためにできること④ 学校や家庭でできること　どう捨てる？ どう行動する？

2023年4月1日　初版発行

監　修	藤野純一
発行者	岡本光晴
発行所	株式会社あかね書房
	〒101-0065　東京都千代田区西神田3－2－1
	電話 03-3263-0641（営業）　03-3263-0644（編集）
印刷所	図書印刷株式会社
製本所	株式会社難波製本

ISBN978-4-251-06740-1